FLOWER FAIRIES ACTIVITY BOOK

FOR KIDS AGES 3-8

SCAN ME

Hello there!

Thank you for purchasing this Activity book. I am extremely grateful and hope you and your family enjoy it.

Please consider sharing it with friends or family and leaving a review online. Your feedback and support are always appreciated, and allow me to continue doing what I love.

Scan the QR code to check the rest of the collection and Leave a review.

This Book Belongs to

- - - - - - - - -

COPYRIGHT©ZAGS PRESS ALL RIGHTS RESERVED.

ZAGS
PRESS

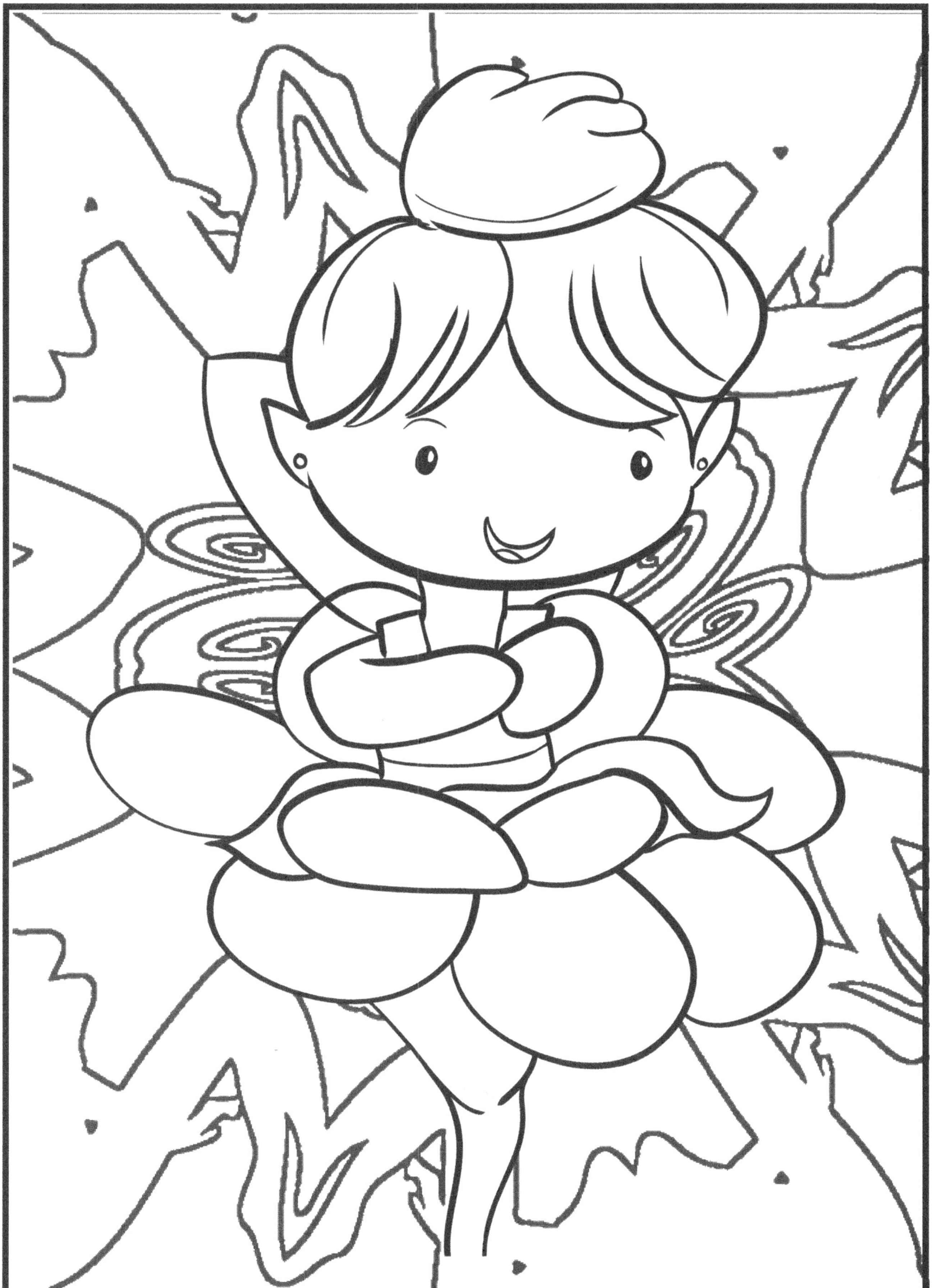

ZAGS
PRESS

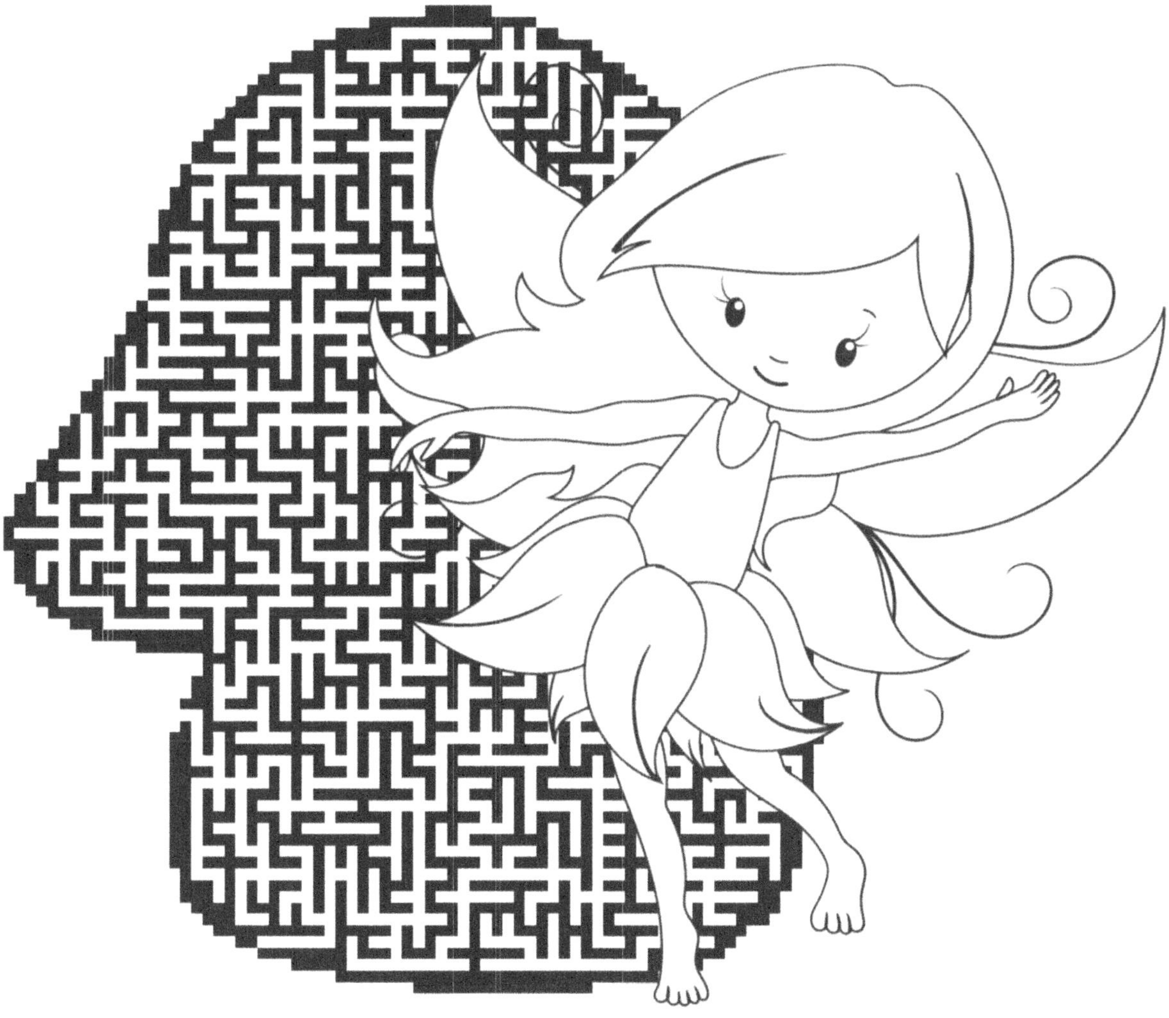

```
D N Z T G L X A F L E U X J B W
K X X X Q W I W F L E K C I S L
K Y S M V Q R D S F W U N W E X
T F P H T Q O P H L D Z H E Q A
E X I D F H U E H W M X N U F N
C W R N X L G U U U M V M H H G
H N I R C O U H F W S M Z K C E
I V T L E A H C V M C L E Z E L
B J W A E E R T T W X X K E T Q
U P Q C I O J I X A E X Z A I Q
R N L I K V Q W R L T G C F R R
H H M G Q M X P V T U T Z I P N
S Z X A P D P V R T D A N F S C
S D A M C E Z U Z Q D A L C R J
Y G U F M Y E L A T Y R I A F M
X J Y D C A E U F N O J Z C H Q
```

ELF
SPRITE
WITCH
ANGEL
FAIRY TALE
MAGICAL
SPIRIT

ZAGS
PRESS

Addition Practice

1) 3 + 9 = ☐
2) 8 + 7 = ☐
3) 1 + 8 = ☐
4) 1 + 9 = ☐
5) 9 + 5 = ☐
6) 7 + 5 = ☐
7) 8 + 4 = ☐
8) 1 + 8 = ☐
9) 3 + 2 = ☐
10) 4 + 8 = ☐
11) 5 + 6 = ☐
12) 9 + 5 = ☐
13) 2 + 8 = ☐
14) 6 + 7 = ☐
15) 6 + 1 = ☐
16) 3 + 4 = ☐
17) 4 + 7 = ☐
18) 9 + 9 = ☐
19) 1 + 6 = ☐
20) 3 + 4 = ☐
21) 5 + 1 = ☐
22) 3 + 3 = ☐
23) 6 + 7 = ☐
24) 2 + 2 = ☐

1) 1 + ☐ = 9
2) 5 + ☐ = 13
3) 5 + ☐ = 11
4) 9 + ☐ = 17
5) 5 + ☐ = 8
6) 8 + ☐ = 9
7) 8 + ☐ = 10
8) 9 + ☐ = 13
9) 5 + ☐ = 10
10) 3 + ☐ = 5
11) 8 + ☐ = 13
12) 1 + ☐ = 9
13) 1 + ☐ = 2
14) 5 + ☐ = 8
15) 7 + ☐ = 12
16) 3 + ☐ = 12
17) 1 + ☐ = 5
18) 9 + ☐ = 18
19) 1 + ☐ = 7
20) 9 + ☐ = 17
21) 5 + ☐ = 14
22) 6 + ☐ = 7
23) 8 + ☐ = 14
24) 9 + ☐ = 18

ZAGS
PRESS

Finish the Image, then Color

ZAGS
PRESS

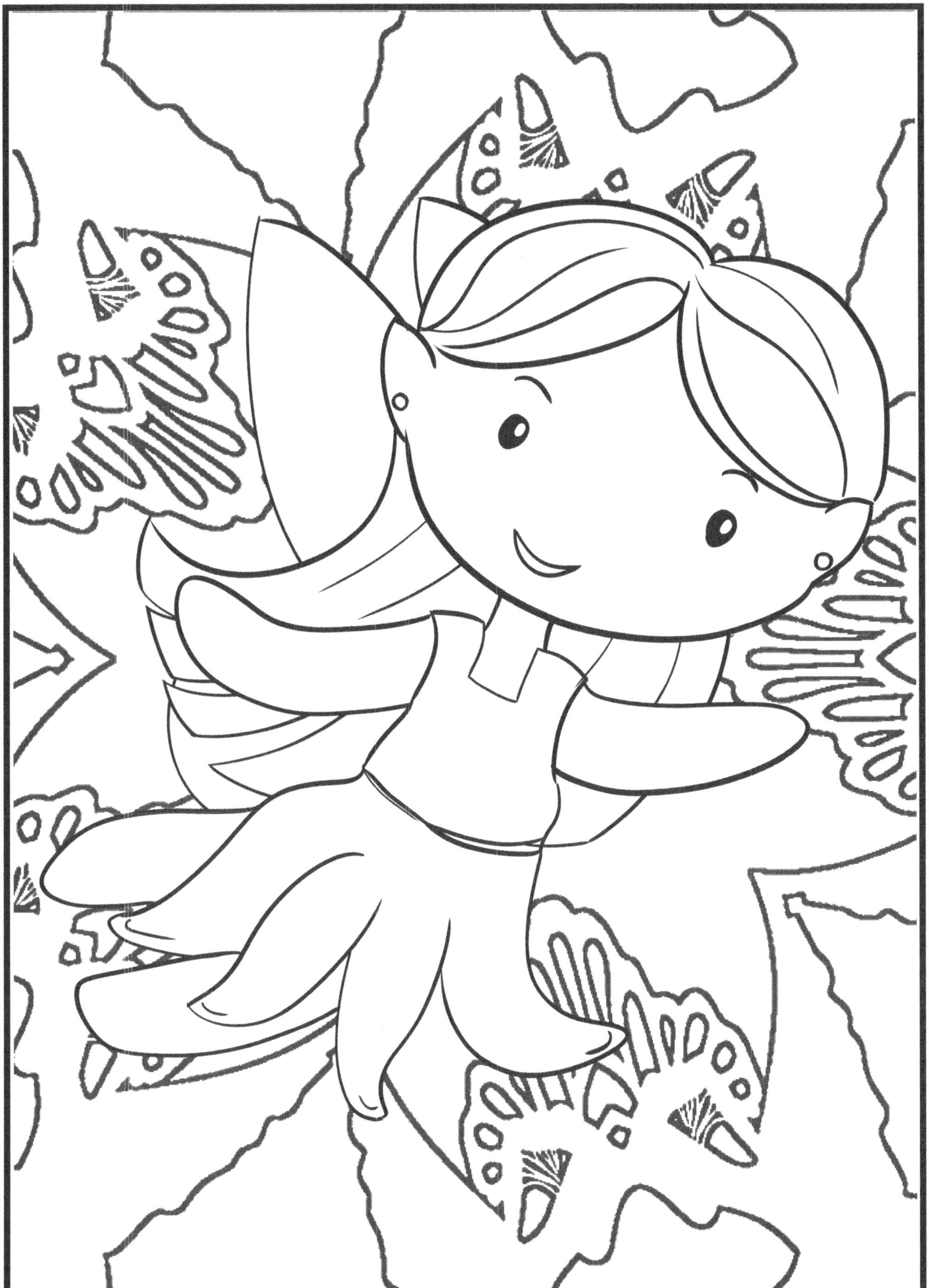

ZAGS
PRESS

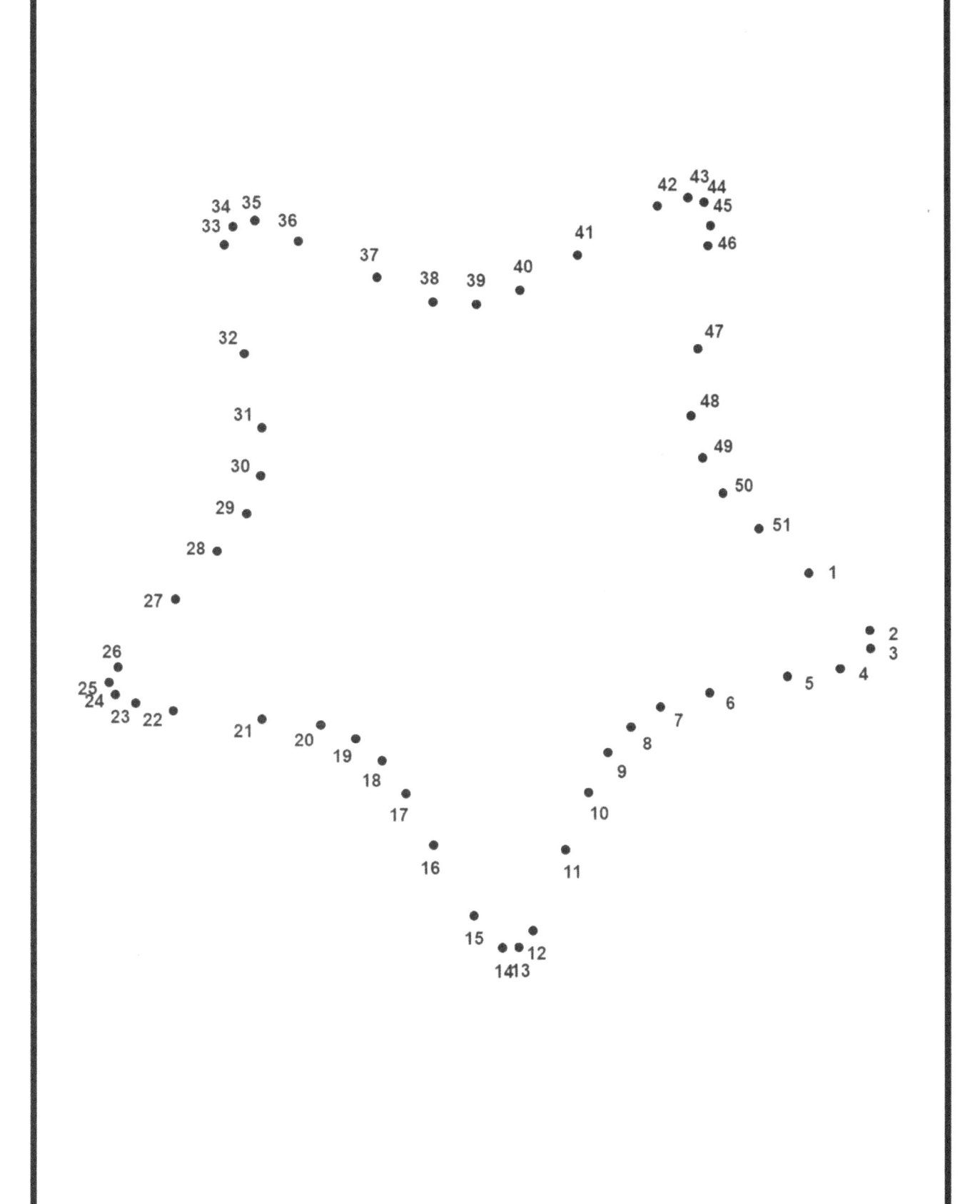

ZAGS
PRESS

Subtraction Practice

1) 5 − 4 = ☐
2) 8 − 7 = ☐
3) 7 − 3 = ☐
4) 9 − 2 = ☐
5) 9 − 6 = ☐
6) 8 − 6 = ☐
7) 9 − 4 = ☐
8) 7 − 5 = ☐
9) 8 − 7 = ☐
10) 5 − 2 = ☐
11) 9 − 8 = ☐
12) 7 − 7 = ☐
13) 7 − 6 = ☐
14) 8 − 3 = ☐
15) 9 − 5 = ☐
16) 9 − 5 = ☐
17) 7 − 1 = ☐
18) 5 − 4 = ☐
19) 6 − 5 = ☐
20) 8 − 3 = ☐
21) 9 − 8 = ☐
22) 5 − 3 = ☐
23) 3 − 2 = ☐
24) 6 − 5 = ☐

1) 4 − ☐ = 2
2) 5 − ☐ = 1
3) 6 − ☐ = 2
4) 2 − ☐ = 1
5) 4 − ☐ = 0
6) 8 − ☐ = 1
7) 6 − ☐ = 1
8) 9 − ☐ = 2
9) 8 − ☐ = 3
10) 4 − ☐ = 3
11) 9 − ☐ = 3
12) 8 − ☐ = 2
13) 5 − ☐ = 0
14) 6 − ☐ = 2
15) 3 − ☐ = 1
16) 7 − ☐ = 4
17) 8 − ☐ = 0
18) 9 − ☐ = 2
19) 3 − ☐ = 0
20) 6 − ☐ = 2
21) 8 − ☐ = 3
22) 1 − ☐ = 0
23) 5 − ☐ = 4
24) 8 − ☐ = 6

ZAGS
PRESS

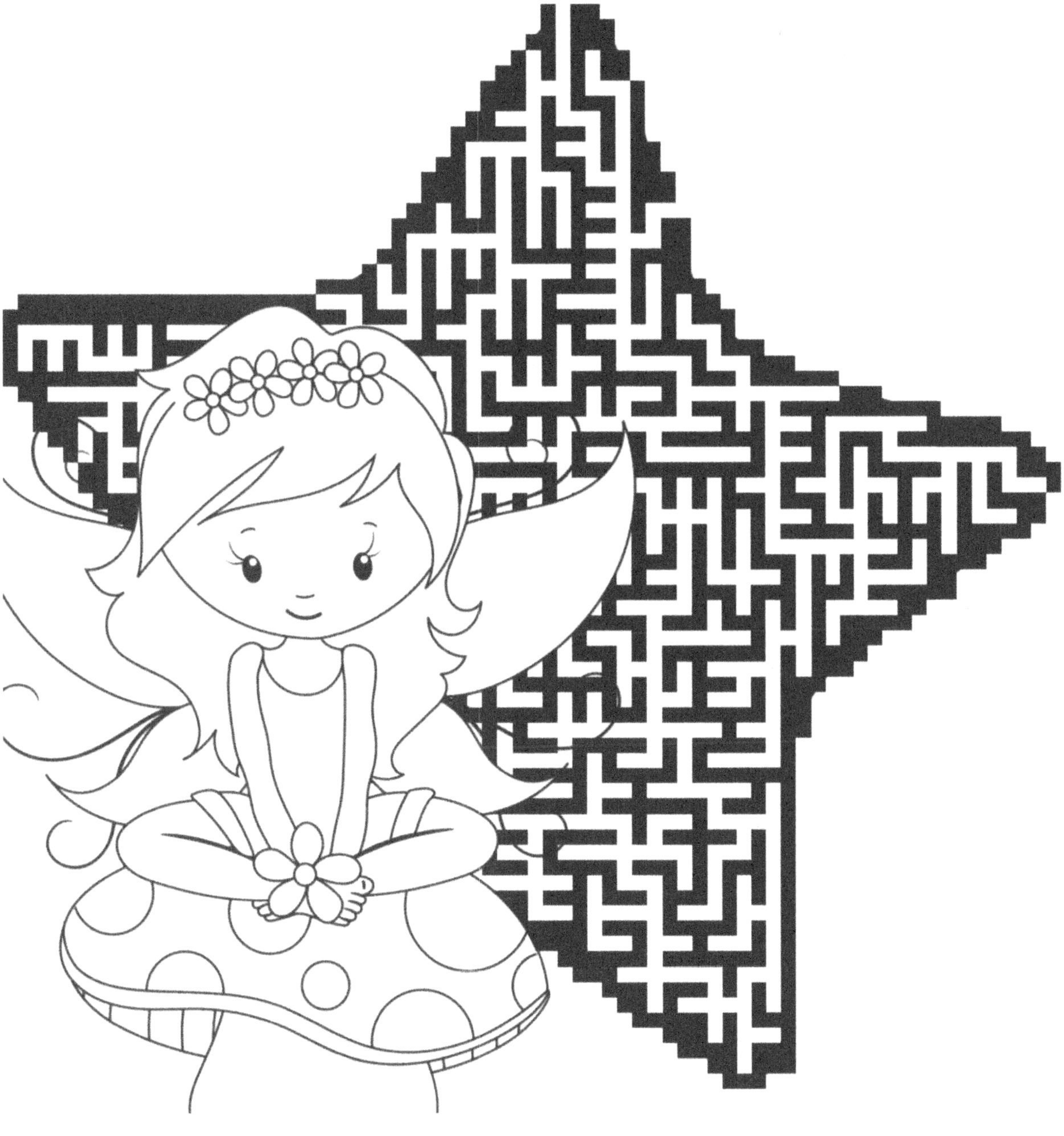

ZAGS PRESS

```
O I I R H Y Q T A T E T T T X V
R E O L P S K I D U T K F Y T E
F M Y T H A N E P W Q Y E A I S
X G Z M S T F D R D K R D G V E
G R S K R N F S I A M I U F U S
D N X B K A P F N A E A T E L S
W T Z F C F S I C W E F Y O C E
A X A P B M T D E Y W E O D O D
R O C N S W U A S U H Q R P Z D
V J Q N G T W L S W Q V W B F O
E J K S D H O J E Y P F T A J G
S M S P E D C Q S K S N O C F P
A S O M K H H B F T Y X H V Y M
R T J E A M T O O T H F A I R Y
T T M W M I X C S S I V P T H D
X S Q M X S P Y Q O C I G P G Y
```

FANTASY
PRINCESSES
FAIRY
TOOTH FAIRY
DWARVES
MYTH
GODDESSES

ZAGS
PRESS

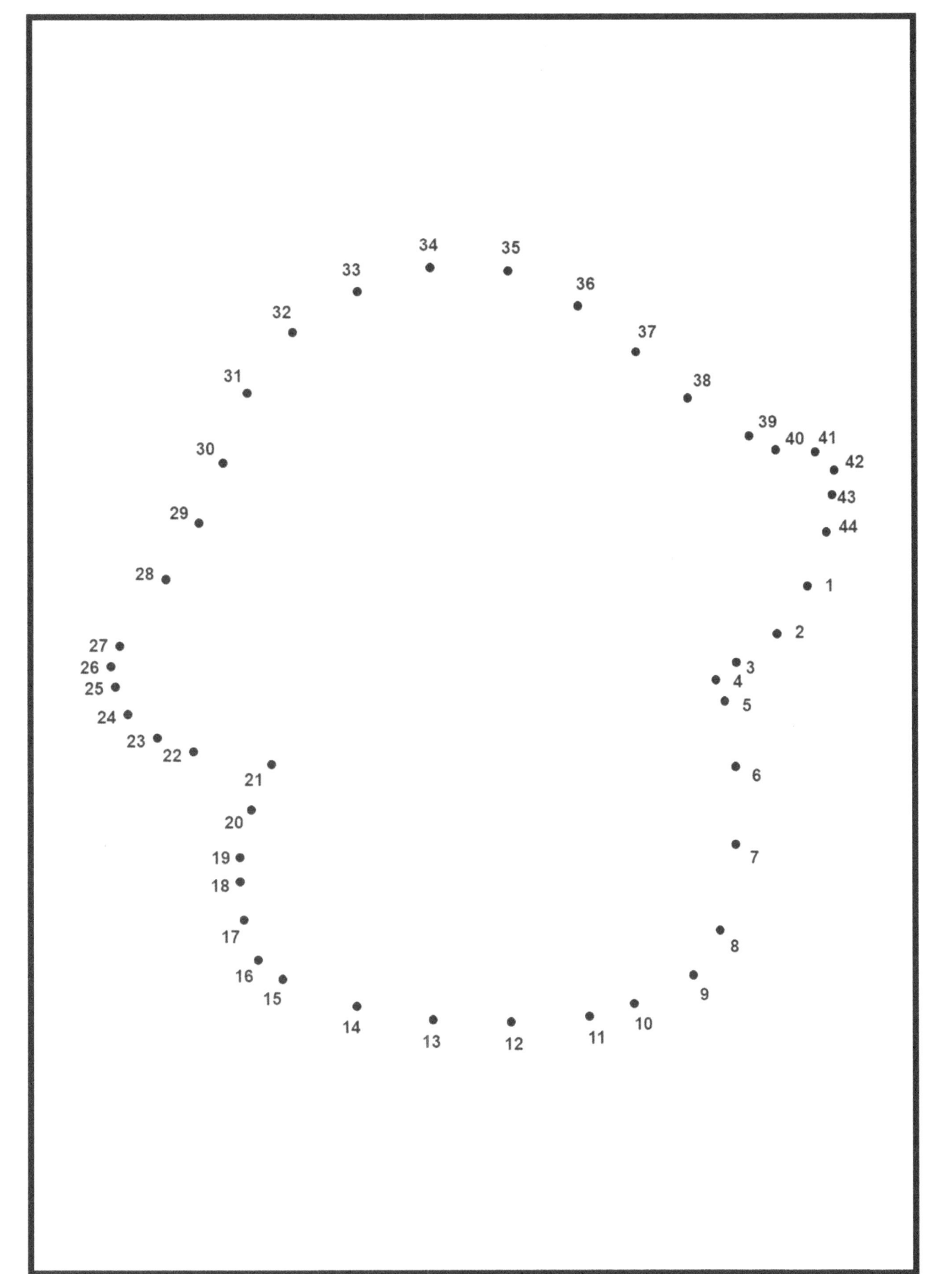

ZAGS PRESS

Addition Practice

1) 7 + 3 = ☐
2) 9 + 9 = ☐
3) 3 + 1 = ☐
4) 3 + 5 = ☐
5) 6 + 1 = ☐
6) 2 + 3 = ☐
7) 1 + 1 = ☐
8) 6 + 7 = ☐
9) 4 + 6 = ☐
10) 8 + 6 = ☐
11) 7 + 4 = ☐
12) 6 + 4 = ☐
13) 9 + 2 = ☐
14) 5 + 5 = ☐
15) 9 + 5 = ☐
16) 4 + 5 = ☐
17) 8 + 8 = ☐
18) 5 + 4 = ☐
19) 9 + 6 = ☐
20) 5 + 9 = ☐
21) 6 + 8 = ☐
22) 5 + 5 = ☐
23) 8 + 7 = ☐
24) 6 + 9 = ☐

1) 2 + ☐ = 4
2) 2 + ☐ = 4
3) 9 + ☐ = 16
4) 6 + ☐ = 15
5) 1 + ☐ = 3
6) 3 + ☐ = 9
7) 2 + ☐ = 5
8) 1 + ☐ = 7
9) 3 + ☐ = 9
10) 2 + ☐ = 3
11) 8 + ☐ = 14
12) 5 + ☐ = 12
13) 8 + ☐ = 12
14) 7 + ☐ = 16
15) 9 + ☐ = 16
16) 1 + ☐ = 8
17) 5 + ☐ = 6
18) 3 + ☐ = 12
19) 7 + ☐ = 16
20) 8 + ☐ = 14
21) 2 + ☐ = 11
22) 8 + ☐ = 13
23) 4 + ☐ = 6
24) 4 + ☐ = 13

ZAGS PRESS

Which image is the odd one out?

ZAGS
PRESS

ISPY

How many do you see?

![] ___   ![] ___   ![] ___

![] ___   ![] ___   ![] ___

ZAGS
PRESS

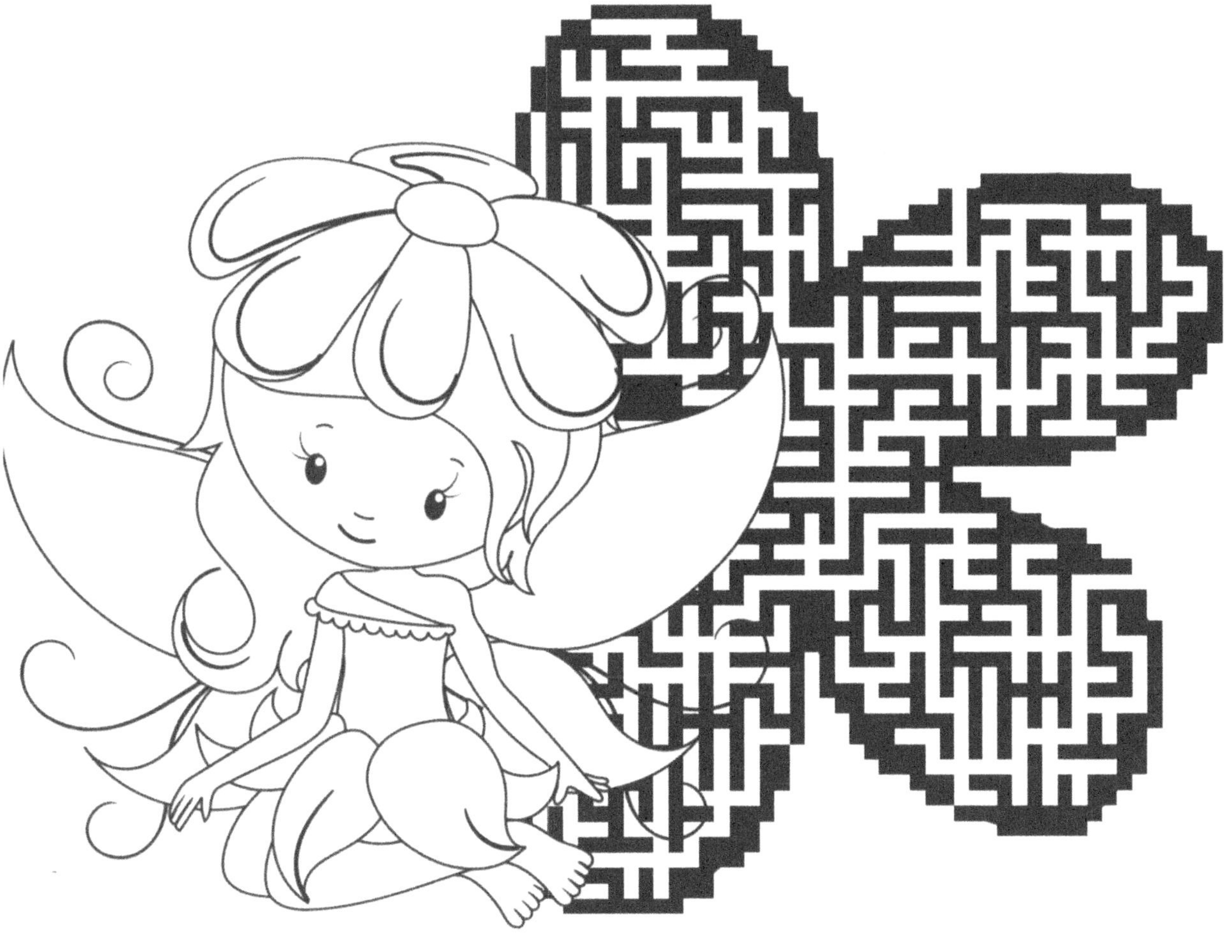

```
I U F J Y R A N I G A M I O J Q
X D Q K E G T M L S E J B E N A
C F I I D X M F H C Y S E M M C
Z L G Q W S K P N D X E R H P M
H Q E U O A I T N P R R U T E G
F A B L E S T W B U S U T F M Y
B O Y D Y N V W Z B N T A J D E
H E K D S L D C O A Q N E C J U
X B A I J A E Z J B L E R P W H
M H J U S X D V V B T V C M N K
W Q J Q T C V M O B U D P Y M E
X I C B U I T G R L D A D Y Z M
D R D I F M F D P D C I R G M W
H N L B A F M U K J U D H E E A
D T H O Y D R I L U Q S O G S L
Y I S T O R Y T E L L I N G B A
```

FABLES
ADVENTURES
STORYTELLING
IMAGINARY
BEAUTIFUL
CREATURE
LOVELY

ZAGS PRESS

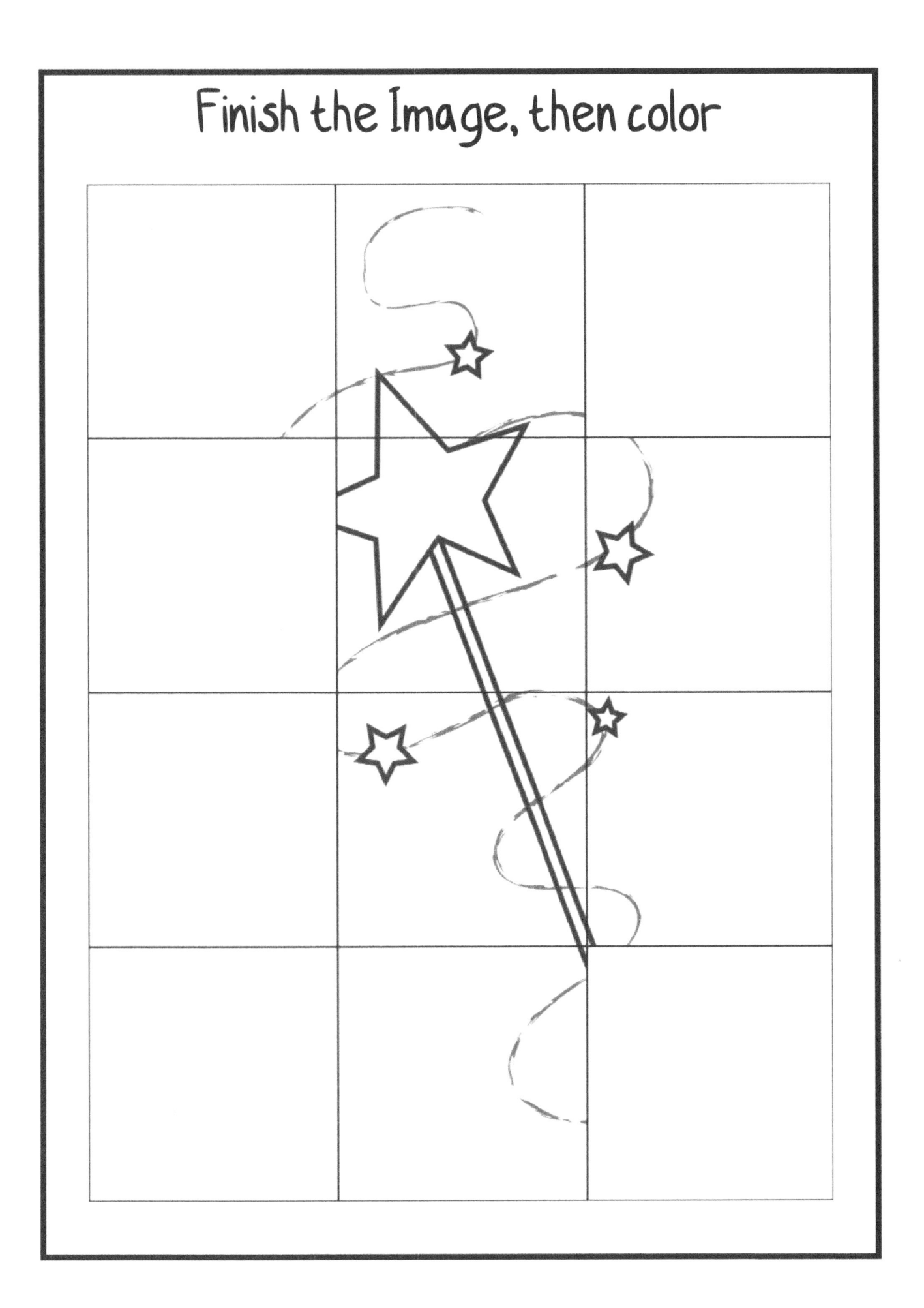

Finish the Image, then color

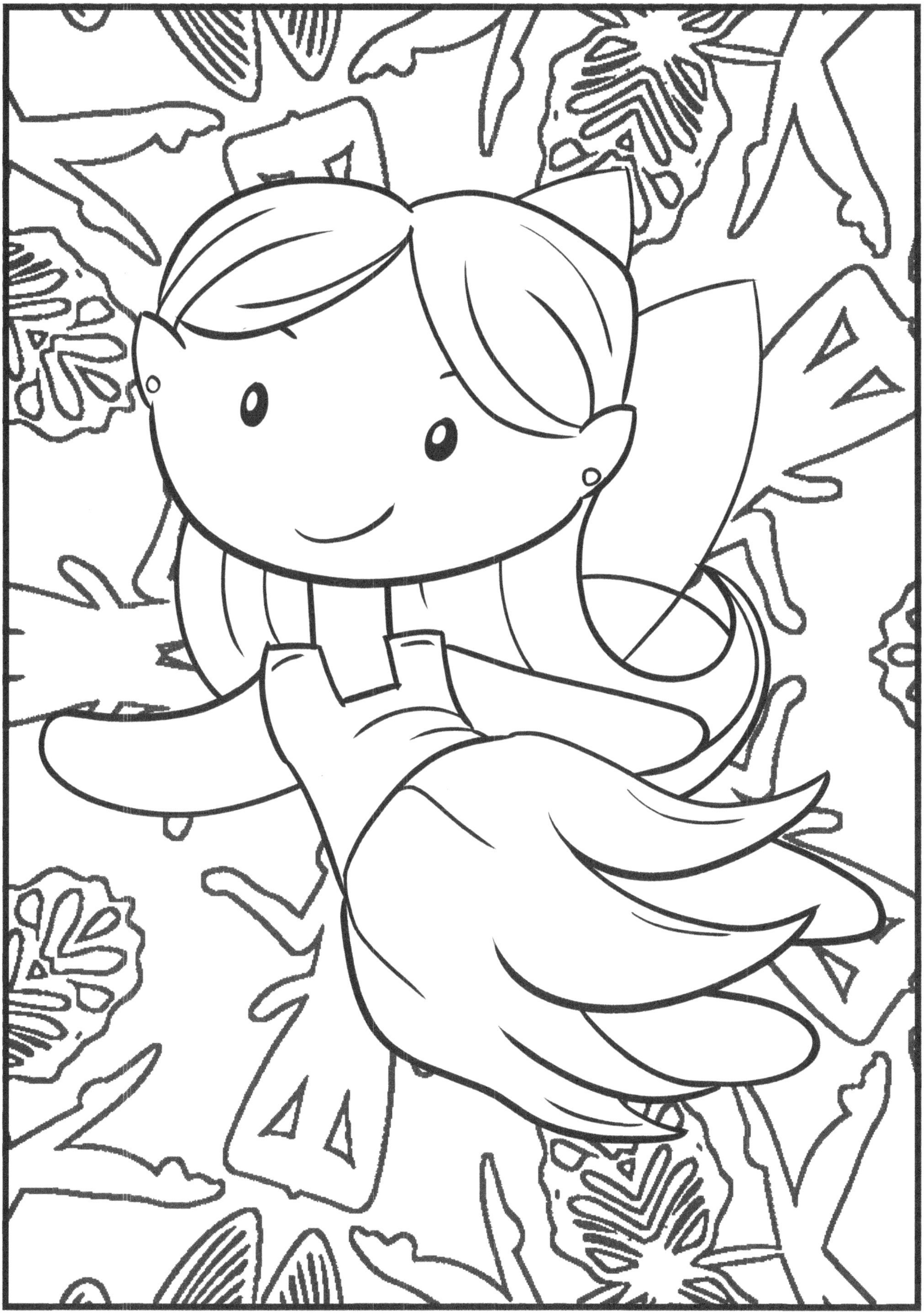

Which image is the odd one out?

ZAGS PRESS

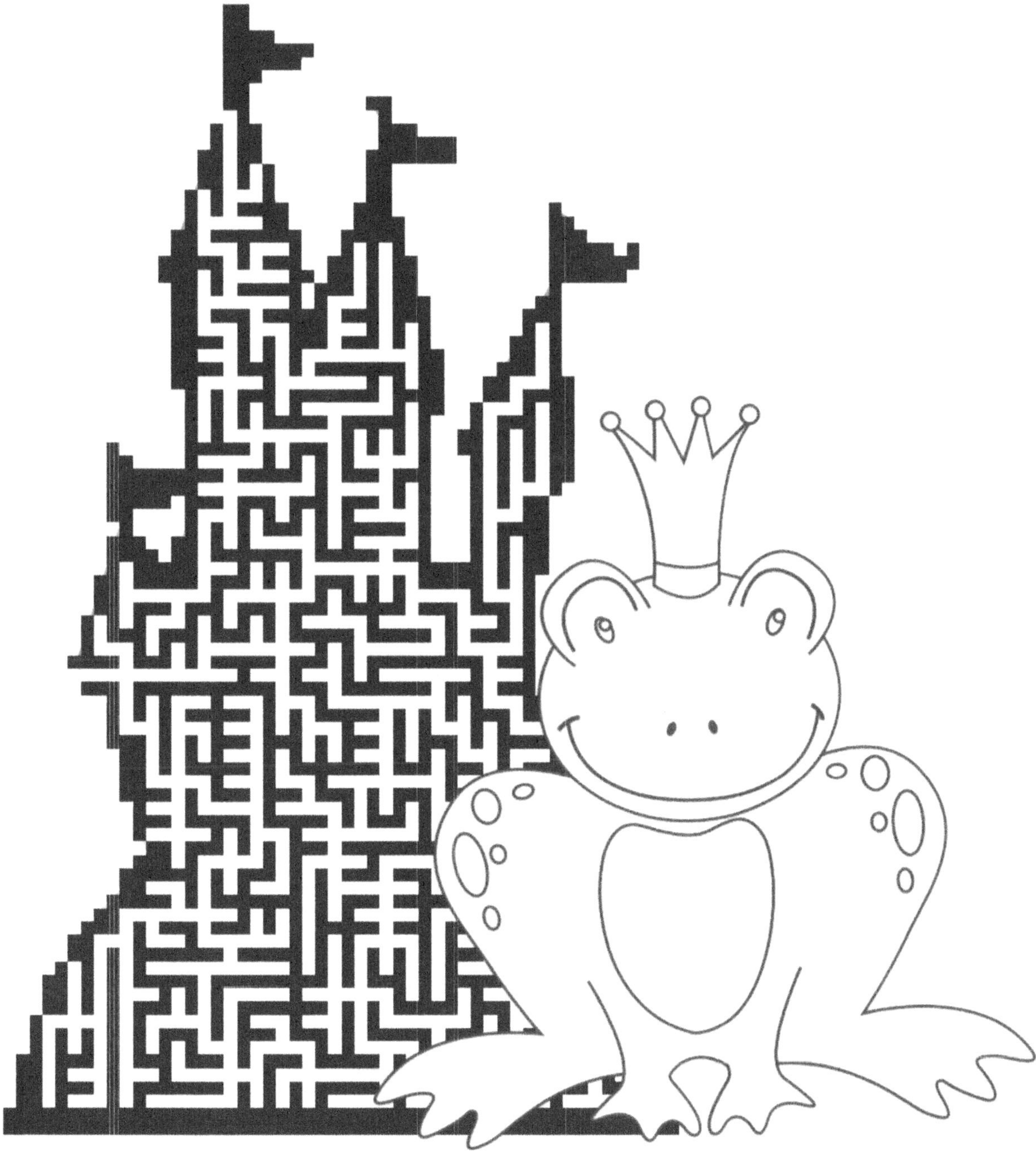

ZAGS
PRESS

	A	B	C	D
1				
2				
3				
4				

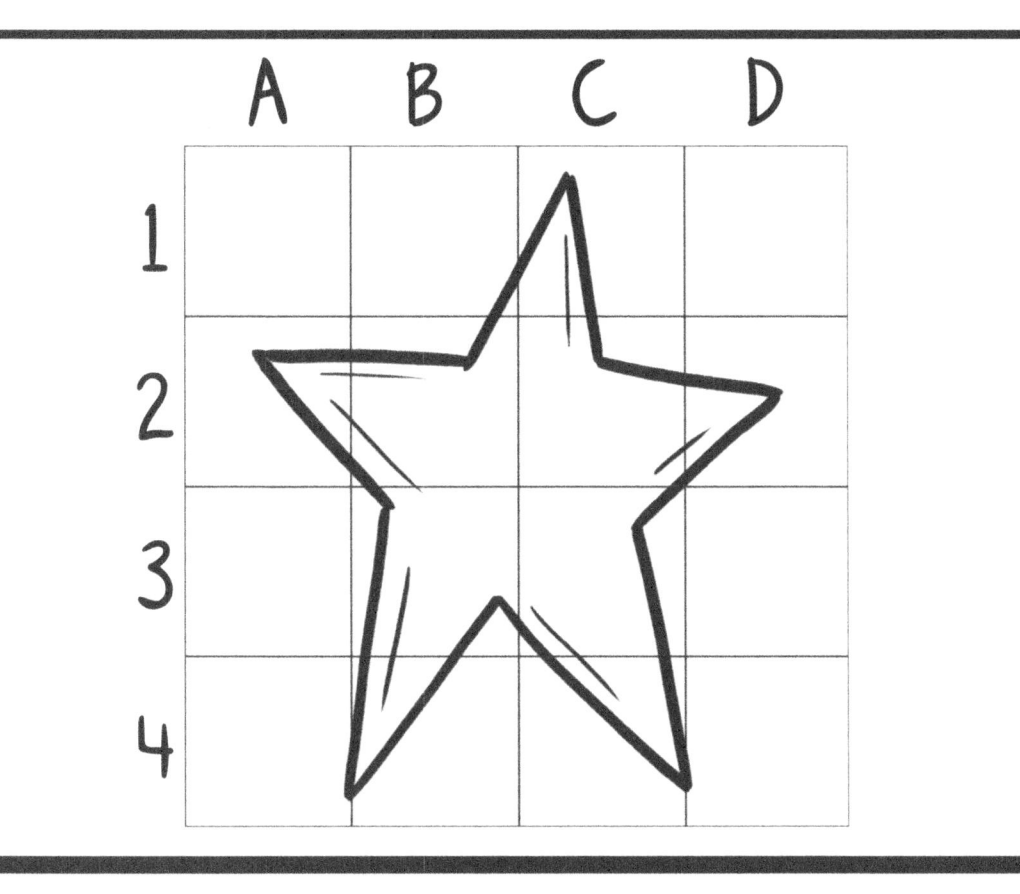

DRAW THEN COLOR

	A	B	C	D
1				
2				
3				
4				

ZAGS
PRESS

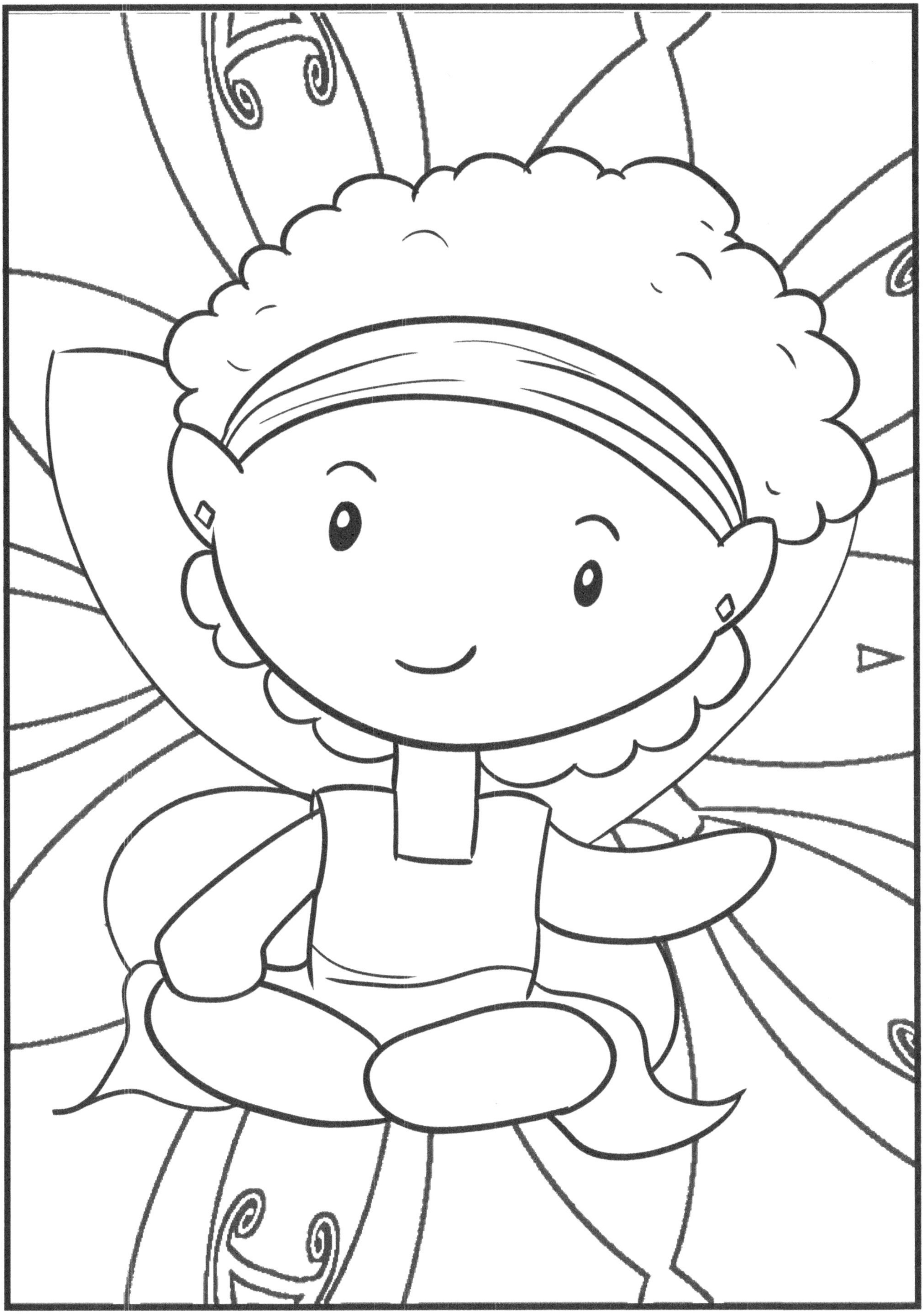

Subtraction Practice

1) 9 − 7 = ☐
2) 9 − 8 = ☐
3) 6 − 4 = ☐
4) 4 − 1 = ☐
5) 9 − 6 = ☐
6) 9 − 6 = ☐
7) 4 − 1 = ☐
8) 7 − 7 = ☐
9) 8 − 7 = ☐
10) 7 − 4 = ☐
11) 9 − 7 = ☐
12) 9 − 6 = ☐
13) 7 − 3 = ☐
14) 6 − 4 = ☐
15) 8 − 6 = ☐
16) 8 − 6 = ☐
17) 5 − 4 = ☐
18) 4 − 2 = ☐
19) 8 − 5 = ☐
20) 9 − 6 = ☐
21) 8 − 1 = ☐
22) 9 − 9 = ☐
23) 3 − 3 = ☐
24) 7 − 2 = ☐

1) 7 − ☐ = 1
2) 1 − ☐ = 0
3) 9 − ☐ = 3
4) 7 − ☐ = 3
5) 6 − ☐ = 5
6) 1 − ☐ = 0
7) 7 − ☐ = 2
8) 9 − ☐ = 1
9) 4 − ☐ = 1
10) 9 − ☐ = 0
11) 8 − ☐ = 1
12) 7 − ☐ = 2
13) 9 − ☐ = 7
14) 9 − ☐ = 6
15) 6 − ☐ = 2
16) 5 − ☐ = 3
17) 5 − ☐ = 0
18) 2 − ☐ = 0
19) 8 − ☐ = 2
20) 8 − ☐ = 0
21) 5 − ☐ = 1
22) 8 − ☐ = 4
23) 8 − ☐ = 0
24) 6 − ☐ = 2

ZAGS PRESS

ISPY

How many do you see?

ZAGS
PRESS

```
I L K W S Q O L J W D E N Y H E
C V O T K B E N Y K K P Q U B V
D C K F H P O R E A T U S Y U O
W M V W A T E R S P I R I T P L
F D J A A G P M D Y C H R X S R
D B I I V E I P U K Y K K B U F
P O B L R N J Z I N B P V Y A
Y S I W E I L N B P K H C S I
P T V H G U V K Z U I A Z E O R
Y M H G J S K D U F W F I K T Y
T P R Q T R B H V P K R P P X L
E L I M S M H X E G O V F M A A
H N V U W J K H C T F N S B X N
C B J T G K J C S M P Q O S Q D
K L X P Z Z A C H A R A C T E R
F N E U Y R R B I Q X F C V X K
```

GENIUS
SMILE
LOVE
CHARACTER
STORIES
WATER SPIRIT
FAIRYLAND

ZAGS PRESS

Cut and paste the words, then color the image

HAIR

SHIRT

DIAMOND

ZAGS
PRESS

	A	B	C	D
1				
2				
3				
4				

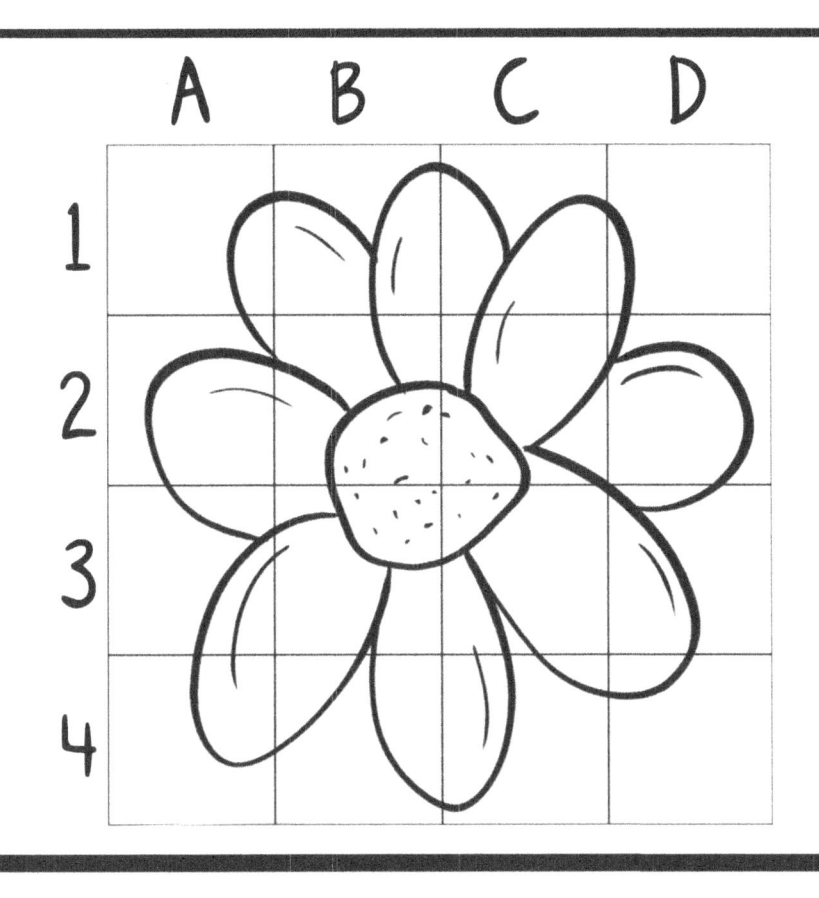

DRAW THEN COLOR

	A	B	C	D
1				
2				
3				
4				

ZAGS PRESS

ISPY

How many do you see?

ZAGS PRESS

Cut and paste the words, then color the image

LEAF

BOOTS

WINGS

ZAGS
PRESS

Which image is the odd one out?

```
W O E Y Q C S D C Q F P W D V T
H F I N S P S V L Z A K Y Y D R
E H J R E P W C A S T L E C R L
F R W L G I W K D X V N O C L J
O B L V X E Q K O E F Z Y L V I
O K S M H H B Y I F N E J Y R V
G E S U N F F E I L E B K L O F
S J E I O R W E W Z Q D I N U H
I R R Z O E C N I R P Q N Y Z X
Y Z T B Q W F E V S A T G A Q C
A Q N Y B D W G X R I N E Y W N
T S A P Y G A I M I W O Z V A Z
N Y H S Z H R S Z Z E T H S W D
A Y C B X M L S W G R U P N D J
I Z N L H W Z J K M J B W S V L
G M E X Y I X A Y H M W I C Q N
```

ENCHANTRESS
FOLK BELIEF
PRINCE
CASTLE
WAND
SPELL
GIANT

ZAGS PRESS

Cut and paste the words, then color the image

✂ HAIR BAND   ✂ TROLLEY BAG

✂ BELT

ZAGS PRESS

	A	B	C	D
1				
2				
3				
4				

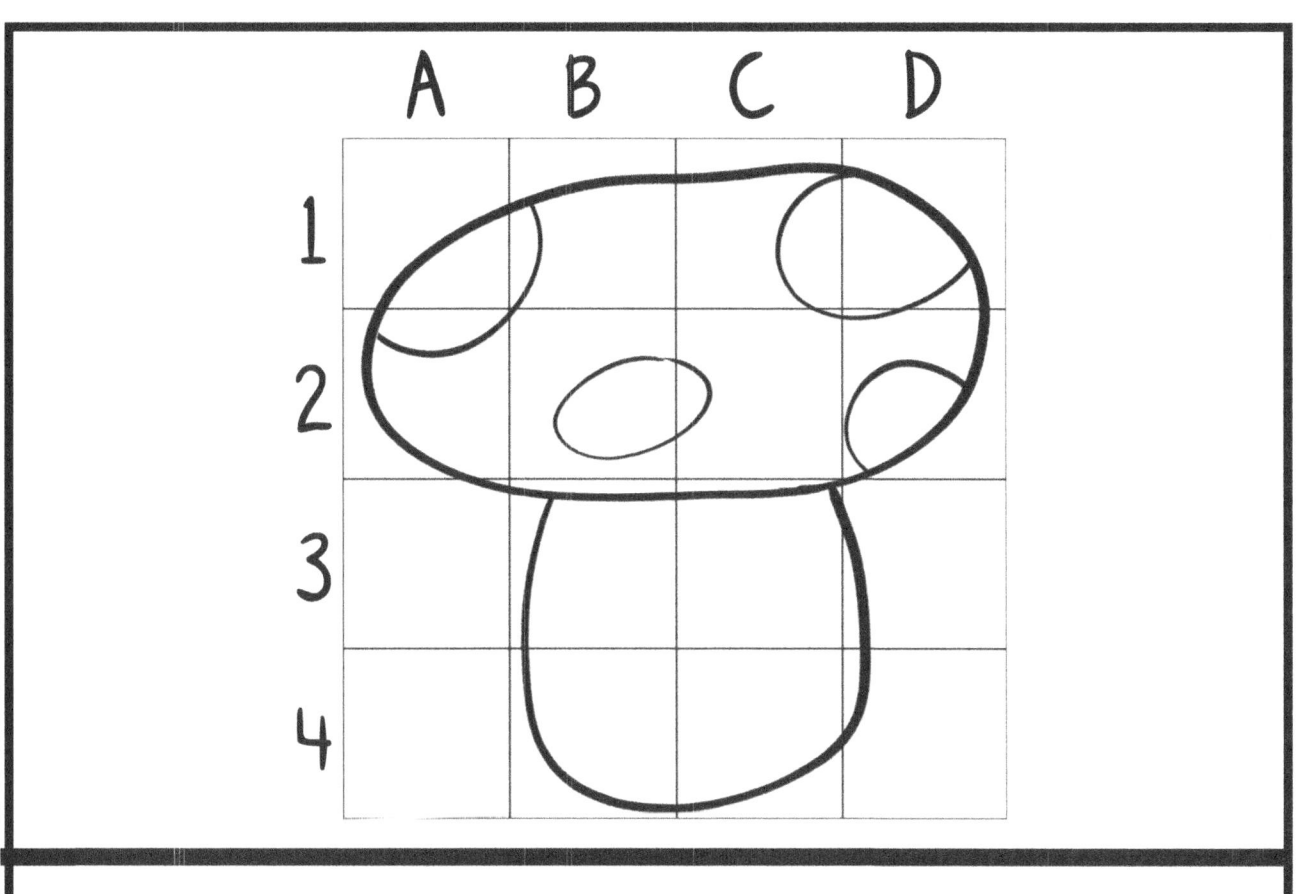

DRAW THEN COLOR

	A	B	C	D
1				
2				
3				
4				

ZAGS
PRESS

Finish the Image, then color

ZAGS
PRESS

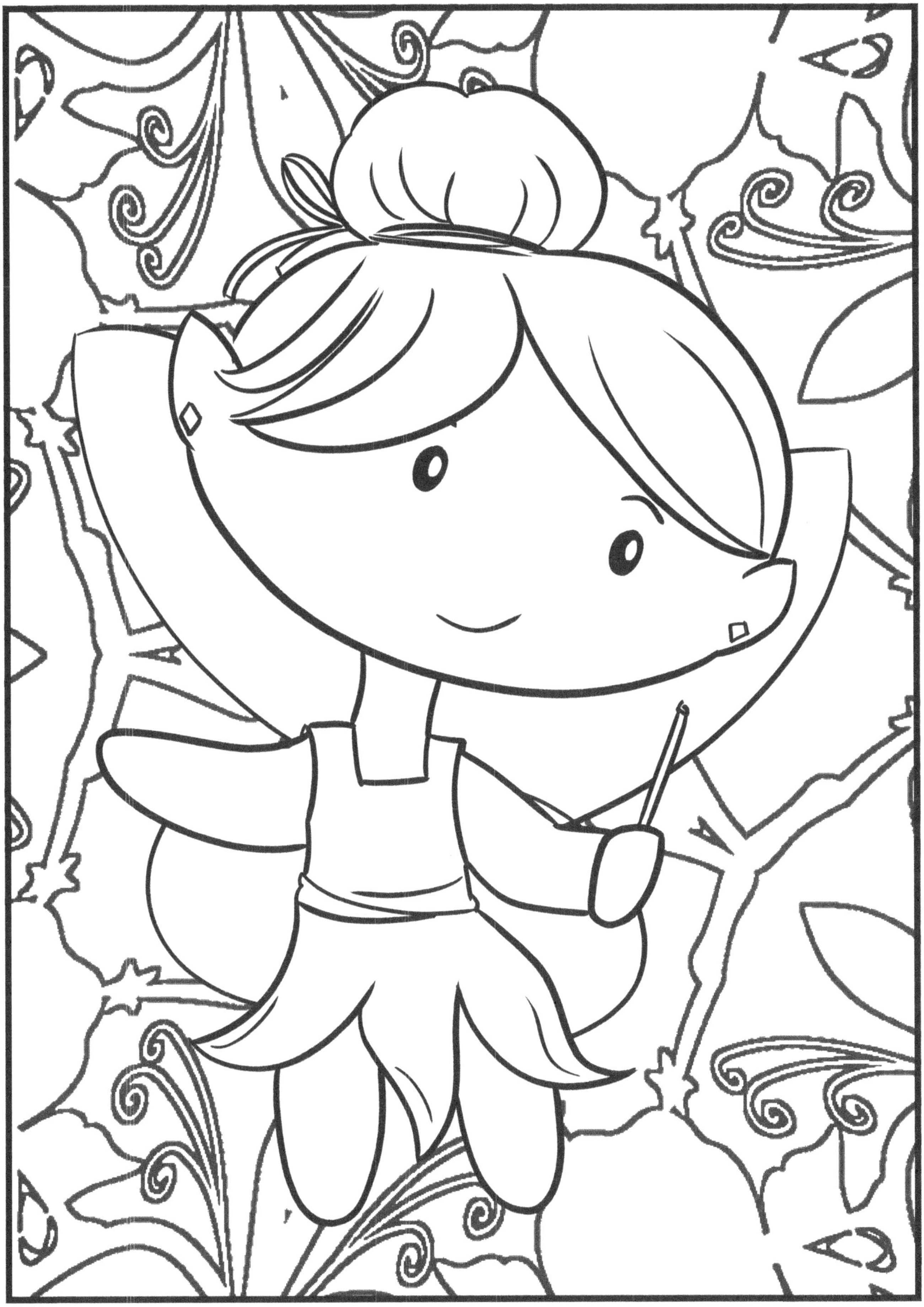

I hope you have enjoyed this Activity book.
i have a favor to ask you and it would mean the world for me as a publisher.
would you be kind enough to leave this book a review on amazon review page.

Thank you!

SCAN ME

MAZE Solutions

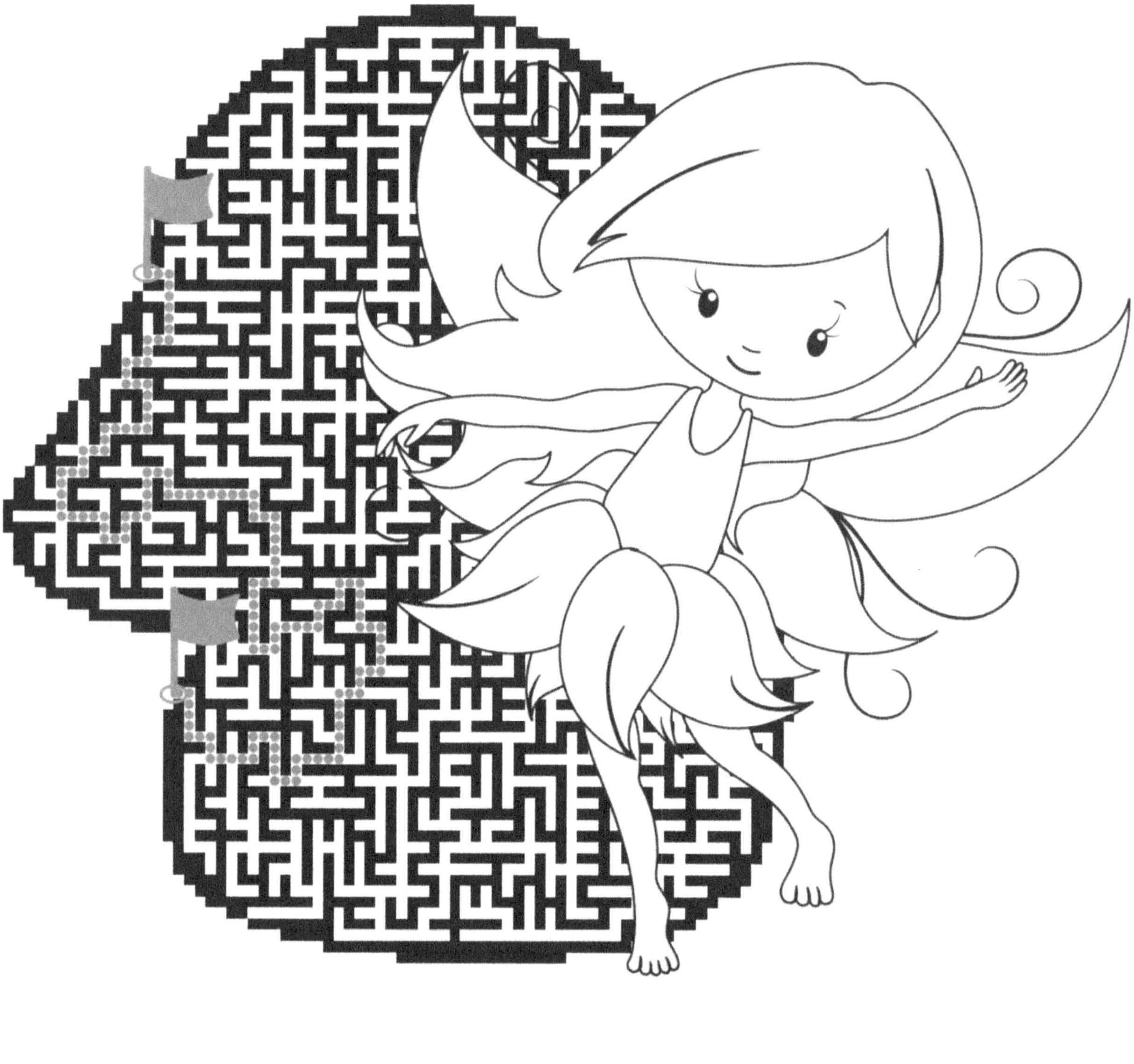

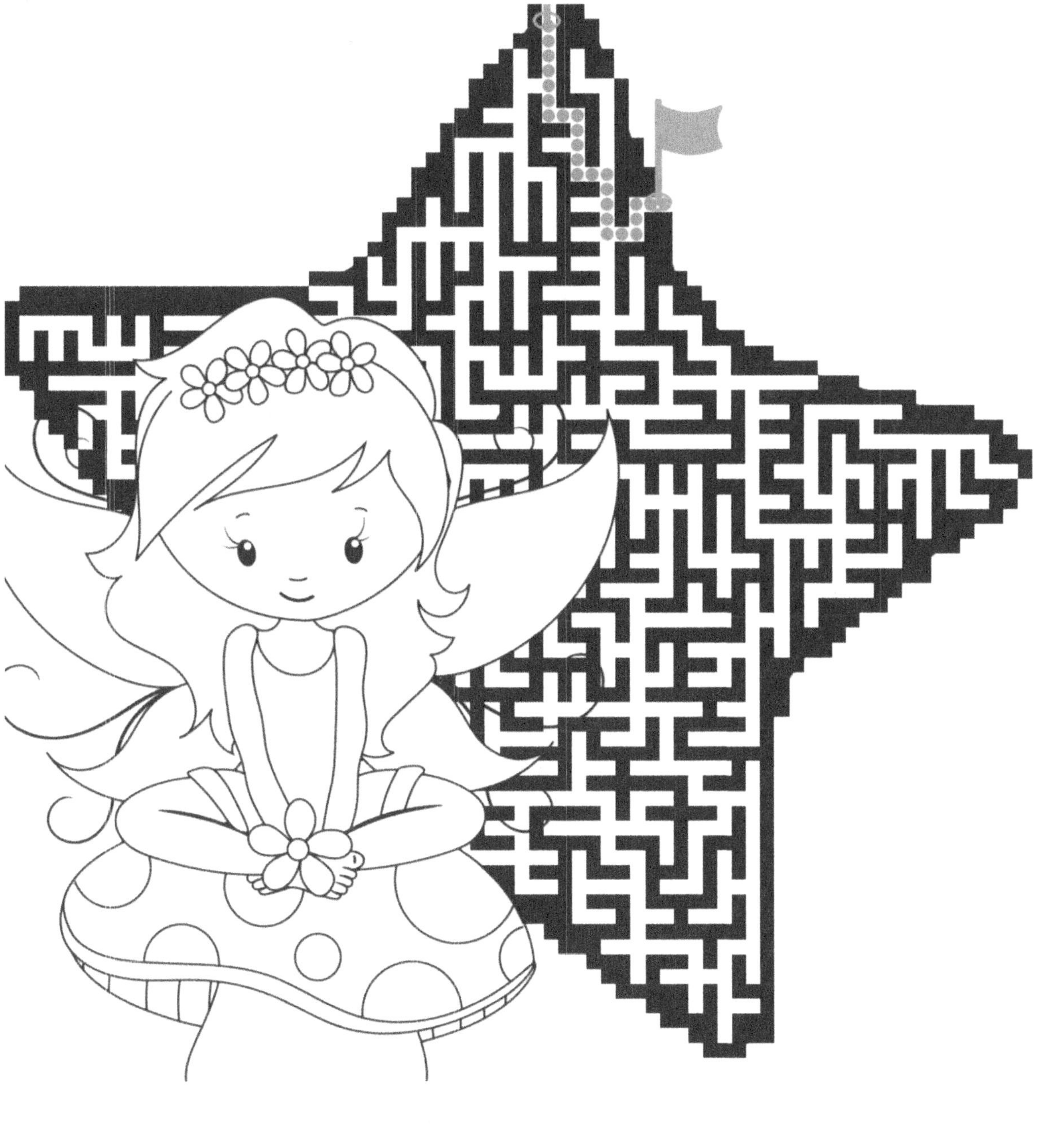

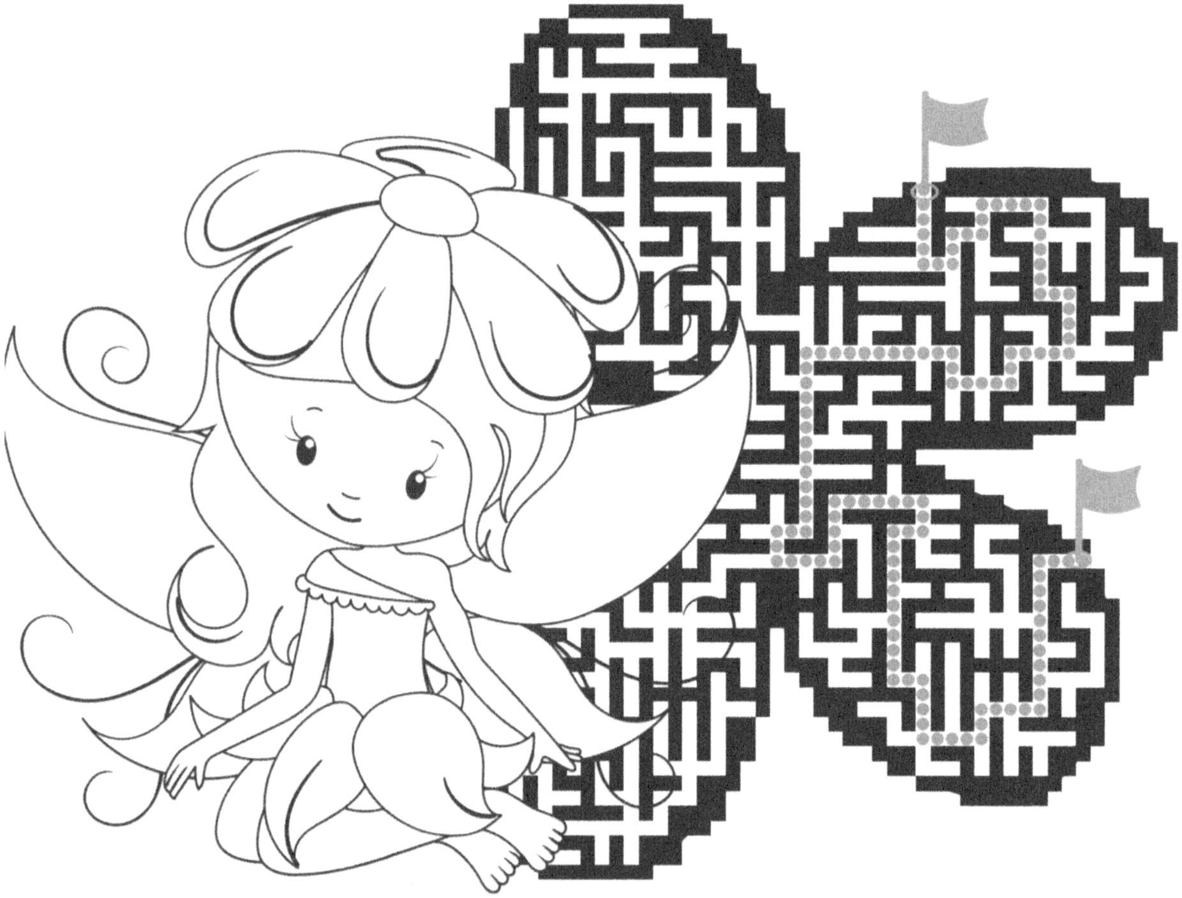

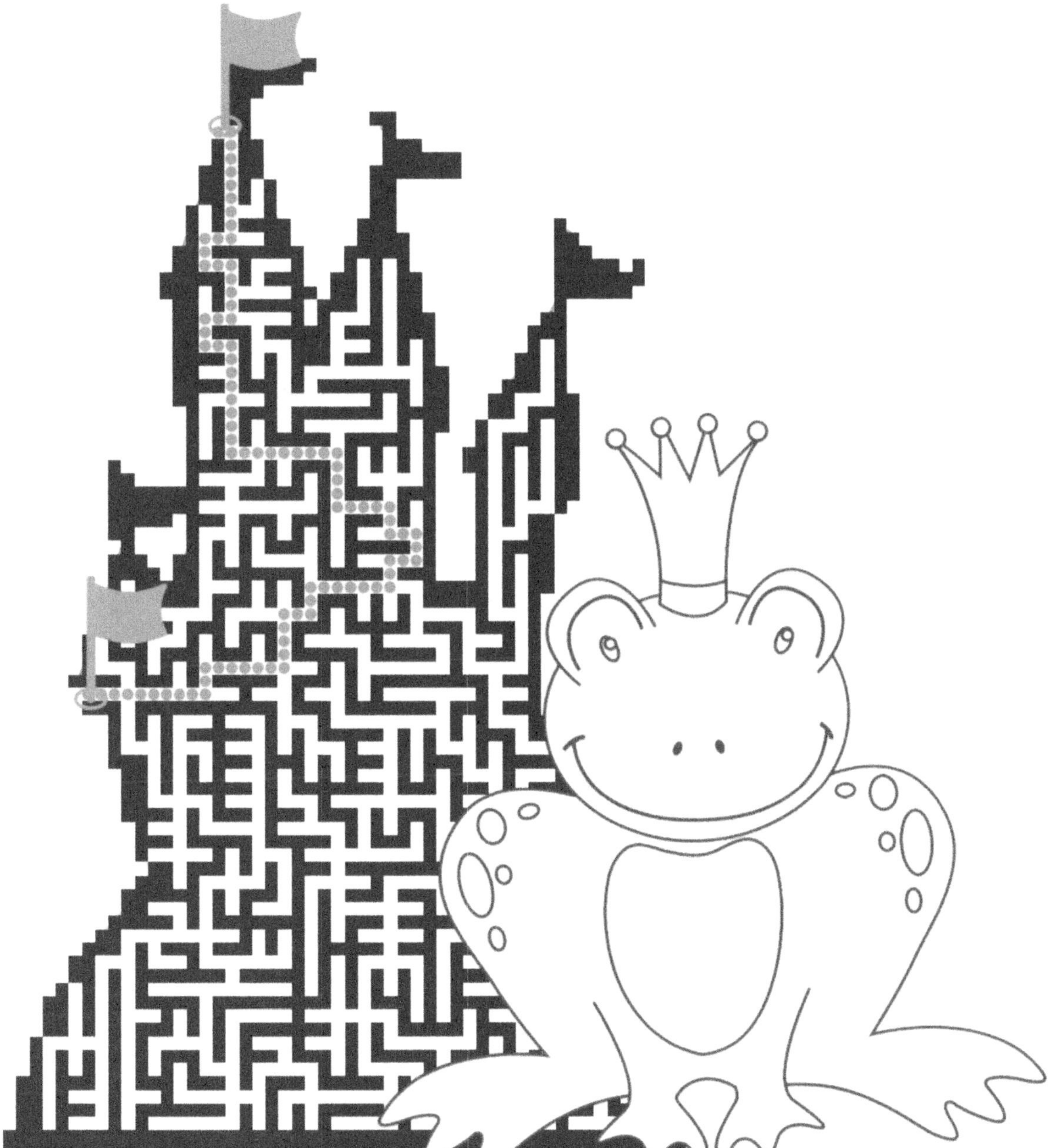

Odd one out

Solutions

Which image is the odd one out?

Which image is the odd one out?

Which image is the odd one out?

ISPY
Solutions

ISPY

How many do you see?

6	9	3
10	4	5

ISPY

How many do you see?

6   4   3

5   4   6

ISPY

How many do you see?

7   4   3

3   5   6

Word Search Solutions

D	N	Z	T	G	L	X	A	F	L	E	U	X	J	B	W
K	X	X	X	Q	W	I	W	F	L	E	K	C	I	S	L
K	Y	S	M	V	Q	R	D	S	F	W	U	N	W	E	X
T	F	P	H	T	Q	O	P	H	L	D	Z	H	E	Q	A
E	X	I	D	F	H	U	E	H	W	M	X	N	U	F	N
C	W	R	N	X	L	G	U	U	U	M	V	M	H	H	G
H	N	I	R	C	O	U	H	F	W	S	M	Z	K	C	E
I	V	T	L	E	A	H	C	V	M	C	L	E	Z	E	L
B	J	W	A	E	E	R	T	T	W	X	X	K	E	T	Q
U	P	Q	C	I	O	J	I	X	A	E	X	Z	A	I	Q
R	N	L	I	K	V	Q	W	R	L	T	G	C	F	R	R
H	H	M	G	Q	M	X	P	V	T	U	T	Z	I	P	N
S	Z	X	A	P	D	P	V	R	T	D	A	N	F	S	C
S	D	A	M	C	E	Z	U	Z	Q	D	A	L	C	R	J
Y	G	U	F	M	Y	E	L	A	T	Y	R	I	A	F	M
X	J	Y	D	C	A	E	U	F	N	O	J	Z	C	H	Q

O	I	I	R	H	Y	Q	T	A	T	E	T	T	T	X	V
R	E	O	L	P	S	K	I	D	U	T	K	F	Y	T	E
F	M	Y	T	H	A	N	E	P	W	Q	Y	E	A	I	S
X	G	Z	M	S	T	F	D	R	D	K	R	D	G	V	E
G	R	S	K	R	N	F	S	I	A	M	I	U	F	U	S
D	N	X	B	K	A	P	F	N	A	E	A	T	E	L	S
W	T	Z	F	C	F	S	I	C	W	E	F	Y	O	C	E
A	X	A	P	B	M	T	D	E	Y	W	E	O	D	O	D
R	O	C	N	S	W	U	A	S	U	H	Q	R	P	Z	D
V	J	Q	N	G	T	W	L	S	W	Q	V	W	B	F	O
E	J	K	S	D	H	O	J	E	Y	P	F	T	A	J	G
S	M	S	P	E	D	C	Q	S	K	S	N	O	C	F	P
A	S	O	M	K	H	H	B	F	T	Y	X	H	V	Y	M
R	T	J	E	A	M	T	O	O	T	H	F	A	I	R	Y
T	T	M	W	M	I	X	C	S	S	I	V	P	T	H	D
X	S	Q	M	X	S	P	Y	Q	O	C	I	G	P	G	Y

I	U	F	J	Y	R	A	N	I	G	A	M	I	O	J	Q
X	D	Q	K	E	G	T	M	L	S	E	J	B	E	N	A
C	F	I	I	D	X	M	F	H	C	Y	S	E	M	M	C
Z	L	G	Q	W	S	K	P	N	D	X	E	R	H	P	M
H	Q	E	U	O	A	I	T	N	P	R	U	T	E	G	G
F	A	B	L	E	S	T	W	B	U	S	U	T	F	M	Y
B	O	Y	D	Y	N	V	W	Z	B	N	T	A	J	D	E
H	E	K	D	S	L	D	C	O	A	Q	N	E	C	J	U
X	B	A	I	J	A	E	Z	J	B	L	E	R	P	W	H
M	H	J	U	S	X	D	V	V	B	T	V	C	M	N	K
W	Q	J	Q	T	C	V	M	O	B	U	D	P	Y	M	E
X	I	C	B	U	I	T	G	R	L	D	A	D	Y	Z	M
D	R	D	I	F	M	F	D	P	D	C	I	R	G	M	W
H	N	L	B	A	F	M	U	K	J	U	D	H	E	E	A
D	T	H	O	Y	D	R	I	L	U	Q	S	O	G	S	L
Y	I	S	T	O	R	Y	T	E	L	L	I	N	G	B	A

```
I L K W S Q O L J W D E N Y H E
C V O T K B E N Y K K P Q U B V
D C K F H P O R E A T U S Y U O
W M V W A T E R S P I R I T P L
F D J A A G P M D Y C H R X S R
D B I I V E I P U K Y K K B U F
P O B L R N J Z I N B P V P Y A
Y S I W E I L N B P K H C I S I
P T V H G U V K Z U I A Z E O R
Y M H G J S K D U F W F I K T Y
T P R Q T R B H V P K R P X L L
E L I M S M H X E G O V F M A A
H N V U W J K H C T F N S B X N
C B J T G K J C S M P Q O S Q D
K L X P Z Z A C H A R A C T E R
F N E U Y R R B I Q X F C V X K
```

```
W O E Y Q C S D C Q F P W D V T
H F I N S P S V L Z A K Y Y D R
E H J R E P W C A S T L E C R L
F R W L G I W K D X N O C L J
O B L V X E Q K O E F Z Y L V I
O K S M H H B Y I F N E J Y R V
G E S U N F F E I L E B K L O F
S J E I O R W E W Z Q D I N U H
I R R Z O E C N I R P Q N Y Z X
Y Z T B Q W F E V S A T G A Q C
A Q N Y B D W G X R I N E Y W N
T S A P Y G A I M I W O Z V A Z
N Y H S Z H R S Z Z E T H S W D
A Y C B X M L S W G R U P N D J
I Z N L H W Z J K M J B W S V L
G M E X Y I X A Y H M W I C Q N
```

Scissors skills

Solutions

Cut and paste the words, then color the image

HAIR

DIAMOND

SHIRT

Cut and paste the words, then color the image

WINGS

BOOTS

LEAF

Cut and paste the words, then color the image

HAIR BAND

TROLLEY BAG

BELT

Math Solutions

1) 3   2) 8   3) 1   4) 1   5) 9   6) 7
   + 9   + 7   + 8   + 9   + 5   + 5
   [12]   [15]   [9]   [10]   [14]   [12]

7) 8   8) 1   9) 3   10) 4   11) 5   12) 9
   + 4   + 8   + 2   + 8   + 6   + 5
   [12]   [9]   [5]   [12]   [11]   [14]

13) 2   14) 6   15) 6   16) 3   17) 4   18) 9
   + 8   + 7   + 1   + 4   + 7   + 9
   [10]   [13]   [7]   [7]   [11]   [18]

19) 1   20) 3   21) 5   22) 3   23) 6   24) 2
   + 6   + 4   + 1   + 3   + 7   + 2
   [7]   [7]   [6]   [6]   [13]   [4]

1) 1   2) 5   3) 5   4) 9   5) 5   6) 8
   +[8]   +[8]   +[6]   +[8]   +[3]   +[1]
    9   13   11   17   8   9

7) 8   8) 9   9) 5   10) 3   11) 8   12) 1
   +[2]   +[4]   +[5]   +[2]   +[5]   +[8]
    10   13   10   5   13   9

13) 1   14) 5   15) 7   16) 3   17) 1   18) 9
   +[1]   +[3]   +[5]   +[9]   +[4]   +[9]
    2   8   12   12   5   18

19) 1   20) 9   21) 5   22) 6   23) 8   24) 9
   +[6]   +[8]   +[9]   +[1]   +[6]   +[9]
    7   17   14   7   14   18

1) 7 + 3 = 10
2) 9 + 9 = 18
3) 3 + 1 = 4
4) 3 + 5 = 8
5) 6 + 1 = 7
6) 2 + 3 = 5
7) 1 + 1 = 2
8) 6 + 7 = 13
9) 4 + 6 = 10
10) 8 + 6 = 14
11) 7 + 4 = 11
12) 6 + 4 = 10
13) 9 + 2 = 11
14) 5 + 5 = 10
15) 9 + 5 = 14
16) 4 + 5 = 9
17) 8 + 8 = 16
18) 5 + 4 = 9
19) 9 + 6 = 15
20) 5 + 9 = 14
21) 6 + 8 = 14
22) 5 + 5 = 10
23) 8 + 7 = 15
24) 6 + 9 = 15

1) 2 + 2 = 4
2) 2 + 2 = 4
3) 9 + 7 = 16
4) 6 + 9 = 15
5) 1 + 2 = 3
6) 3 + 6 = 9
7) 2 + 3 = 5
8) 1 + 6 = 7
9) 3 + 6 = 9
10) 2 + 1 = 3
11) 8 + 6 = 14
12) 5 + 7 = 12
13) 8 + 4 = 12
14) 7 + 9 = 16
15) 9 + 7 = 16
16) 1 + 7 = 8
17) 5 + 1 = 6
18) 3 + 9 = 12
19) 7 + 9 = 16
20) 8 + 6 = 14
21) 2 + 9 = 11
22) 8 + 5 = 13
23) 4 + 2 = 6
24) 4 + 9 = 13

1) 5 − 4 = [1]
2) 8 − 7 = [1]
3) 7 − 3 = [4]
4) 9 − 2 = [7]
5) 9 − 6 = [3]
6) 8 − 6 = [2]
7) 9 − 4 = [5]
8) 7 − 5 = [2]
9) 8 − 7 = [1]
10) 5 − 2 = [3]
11) 9 − 8 = [1]
12) 7 − 7 = [0]
13) 7 − 6 = [1]
14) 8 − 3 = [5]
15) 9 − 5 = [4]
16) 9 − 5 = [4]
17) 7 − 1 = [6]
18) 5 − 4 = [1]
19) 6 − 5 = [1]
20) 8 − 3 = [5]
21) 9 − 8 = [1]
22) 5 − 3 = [2]
23) 3 − 2 = [1]
24) 6 − 5 = [1]

1) 4 − [2] = 2
2) 5 − [4] = 1
3) 6 − [4] = 2
4) 2 − [1] = 1
5) 4 − [4] = 0
6) 8 − [7] = 1
7) 6 − [5] = 1
8) 9 − [7] = 2
9) 8 − [5] = 3
10) 4 − [1] = 3
11) 9 − [6] = 3
12) 8 − [6] = 2
13) 5 − [5] = 0
14) 6 − [4] = 2
15) 3 − [2] = 1
16) 7 − [3] = 4
17) 8 − [8] = 0
18) 9 − [7] = 2
19) 3 − [3] = 0
20) 6 − [4] = 2
21) 8 − [5] = 3
22) 1 − [1] = 0
23) 5 − [1] = 4
24) 8 − [2] = 6

1) 9 − 7 = 2
2) 9 − 8 = 1
3) 6 − 4 = 2
4) 4 − 1 = 3
5) 9 − 6 = 3
6) 9 − 6 = 3
7) 4 − 1 = 3
8) 7 − 7 = 0
9) 8 − 7 = 1
10) 7 − 4 = 3
11) 9 − 7 = 2
12) 9 − 6 = 3
13) 7 − 3 = 4
14) 6 − 4 = 2
15) 8 − 6 = 2
16) 8 − 6 = 2
17) 5 − 4 = 1
18) 4 − 2 = 2
19) 8 − 5 = 3
20) 9 − 6 = 3
21) 8 − 1 = 7
22) 9 − 9 = 0
23) 3 − 3 = 0
24) 7 − 2 = 5

1) 7 − 6 = 1
2) 1 − 1 = 0
3) 9 − 6 = 3
4) 7 − 4 = 3
5) 6 − 1 = 5
6) 1 − 1 = 0
7) 7 − 5 = 2
8) 9 − 8 = 1
9) 4 − 3 = 1
10) 9 − 9 = 0
11) 8 − 7 = 1
12) 7 − 5 = 2
13) 9 − 2 = 7
14) 9 − 3 = 6
15) 6 − 4 = 2
16) 5 − 2 = 3
17) 5 − 5 = 0
18) 2 − 2 = 0
19) 8 − 6 = 2
20) 8 − 8 = 0
21) 5 − 4 = 1
22) 8 − 4 = 4
23) 8 − 8 = 0
24) 6 − 4 = 2

Made in United States
North Haven, CT
14 December 2024